JN437801

# 삼월이 오면

이종선

아명 바다.
충남 예산 출생.
2017년《현대시조》신인상 당선.

# 삼월이 오면

—

초판 1쇄 2018년 3월 30일
지은이 이종선
펴낸이 김영재
펴낸곳 책만드는집

—

주소 서울 마포구 양화로3길 99 4층 (04022)
전화 3142-1585 · 6
팩스 336-8908
전자우편 chaekjip@naver.com
출판등록 1994년 1월 13일 제10-927호


—

ISBN 978-89-7944-648-7 (04810)
ISBN 978-89-7944-354-7 (세트)

책 만 드 는 집 시인선 107

# 삼월이 오면

이종선 시집

책만드는집

## | 시인의 말 |

10년 전 30대 초반의 아들을 먼저 보냈습니다. 그 후 오랜 병고를 치르시던 그이께서도 지난해 가을 제 손을 놓으셨습니다. 글쓰기 공부는 나에게 시조의 길을 열어주었습니다. 어려움 속에서도 시조를 통해 마음의 평화를 되찾게 해주신 하느님께 두 손 여며 접습니다.

병고를 치르시면서도 되레 아내의 글쓰기를 걱정하시던 제 남편의 영전에 많이 모자란 아내의 시집 한 권 올립니다.

—2018년 3월

이종선

| 차례 |

## 2부　나 여기 빈 찻잔에

## 3부 빨간 꽃

## 4부 겨울에도 해바라기

# 1부

# 감나무 일기

# 노란 봄 노란 향기

이웃집 텃밭에서 봄동이 넘어왔다
노란 봄 노란 향기 아이들도 놀러 왔다
감나무 까치도 와서
노란 싹을
내민다.

이웃집 할머니도 봄이 와서 꽃 닮았다
할미꽃 들녘에 두고 유채밭을 걸어와서
오늘은 우리 텃밭엔
봄 손님들
뿐이다.

# 목련이 피려나 봐

목련 높은 가지에 하얀 깃 새들이 왔다

경칩을 앞에 두고
물이 오른 가지 끝에

엊그제 부화를 마친
아기 새들 목소리.

남편 병 수발에 우울해진 아침저녁

기나긴 꽃샘추위
머물다 간 내 뜨락에

쪼르르 삼월을 향해
목련꽃이
앉았다.

쪼르르 삼월을 향해

# 감나무 일기 1
–감꽃

지난해 깍지벌레 그 아픔도 다 견디고
내 아들 살았을 때 가족이 된 우리 감나무
살충제 마다 않고서
감꽃들이
피었다.

너는 말없이도 내 아픔을 아는 것 같아
흰 듯 노란 듯 감꽃을 피우더니
달려와 초록 열매로 웃음꽃을 피우며.

너와 나 속삭임을 하루하루 옮기는 재미
가끔은 어질어질 어지럼증 오는 걸 알고
오늘은 약봉지 들고
현관문을
여는
너.

# 감나무 일기 2
## –내 아들인 것처럼

햇빛 밝은 날엔 반짝이는 너의 이마
빛나는 이파리에 물보라 흐르는 한낮
가슴엔 희망이 가득 하늘빛도 가득해.

네 모습 보노라면 나도 따라 웃고 싶다
밤늦게 장미 꽃잎 가로등 조명이 함께
나에게 힘을 내라고 온 동네가 난리다.

시인을 만나는 날은 어제부터 설레는 마음
서투른 나의 솜씨 부끄러움을 알았는지
기쁘게 다녀오란다, 내 아들인 것처럼.

# 감나무 일기 3
## –말씀을 담아

귤나무 가지마다 가득 채운 하얀 꽃들
오월엔 온 동네가 꽃향기로 넘쳐나고
올레길 걷는 이들이
자꾸 멈춰 서네요.

비 많고 바람 많아 끙끙 앓던 여름이 가고
노랗게 웃음 웃는 가지가지 열매들이
주님의 말씀을 담아
사랑으로
익어요.

# 감나무 일기 4
## –알맞게 단맛 들이며

바람의 고장에선 감잎조차 고생이네
태풍을 넘기고서 서로 안부 묻는 나무
이 가을 가지가지가 차츰 휘어지더니,

설익은 나의 가을 설익은 나의 솜씨
설익은들 좀 어떠랴, 아름 가득 익는 사랑
올레길 아이 서넛이 까치처럼 넘본다.

여섯 쪽 꼭꼭 다진 너와 나 약속이 있지
단풍잎 고운 계절 사태 져 내려온 가을
알맞게 단맛 들이며 시 한 편이 익는다.

# 감나무 일기 5
## –까치 선생님

우리 집 감나무의
감 다섯 개 곱게 따서

도서관 강의실
선생님께 드렸더니

이튿날 까치가 와서
갸웃
갸웃
하네요.

# 감나무 일기 6
## –까치도 우리 식구

감나무와 나 사이에
까치가 앉아 있다

한 번은 나를 보고
또 한 번은 나무를 보며

가끔씩 깍깍거리며
감을 따지 말란다.

까치도 우리 식구
기쁨 주는 감나무야

연두색 반짝이던
봄여름 다 치르고

시 한 수 못 넘는 내게
단풍잎을 보인다.

# 감나무 일기 7
## –어느새 홍시 한 알이

삶이란 담장 옆
감나무와 함께란다

싹 트는가 싶더니
꽃망울이 따라 웃고

어느새 홍시 한 알이
가지 끝에
익는걸.

# 감나무 일기 8
–싹

병아리 삐악삐악
연두색 작은 잎이

하나 둘 두 손 펴며
한들한들 고운 노래

오늘도 까치 두 마리
아침부터 와 있다.

# 감나무 일기 9
—척박한 땅일수록

처마 밑에 내리는 비 부슬부슬 내리는 비
수심처럼 내리는 비 내 가슴에 내리는 비
마당의 우리 감나무 희망 잃지 말란다.

태풍이 몰려와도 너는 아직 멀쩡하다
장마철 와중에도 초록빛을 뽑아 올린
마당의 우리 감나무 아무 걱정 말란다.

너와 대화하며 시조 백 수 쓰라는 숙제
척박한 땅일수록 열매 맛이 다디달듯
마당의 우리 감나무
끄덕
끄덕거린다.

# 감나무 일기 10
## –감이 뚝뚝

처마 밑 빗물인가 눈물인가 숨결인가

여름이 다 가고도 장마처럼 내리는 비

문 앞의 우리 감나무
열매
뚝뚝 떨군다.

* 천자문 '비 우雨'에서.

유연성의 질서 따라

# 감나무 일기 11
## –텃밭 식구들

남편 수술 후에 내 마음이 밝아졌다
땅바닥 바랭이도 걱정 말라 웃어주고
텃밭의 고추잠자리 파도타기 응원해.

비 맞은 우리 꽃밭 빨강 파랑 새색시들
잠자리 호랑나비 하늘하늘 사랑 노래
반짝이 감나무 잎도 소곤소곤거리네.

근심 반 기대 반 표정 밝은 우리 남편
잔디밭 풀 뽑으며 힘자랑 웃음자랑
해님도 마당에 내려와 국화처럼 웃는다.

# 감나무 일기 12
–비 오는 아침에

회색빛 아침 하늘
장맛비에 젖은 아침
네 얼굴 볼우물에
반들반들거리는 미소
가끔은 방울방울이
눈물방울
닮았다.

비 오는 날에서야
정 떼는 법 배운단다
감나무 네 앞에서
정 떼는 법 배운단다
비 온 날 뚝뚝 흘리는
너의 눈물
그처럼.

# 감나무 일기 13

–우리 재석이

한가위 자녀 보러 새털구름 함께 가요
길옆에 코스모스 한들한들 손짓하고
산과 들 마을로 내려와 나와 함께 달려요.

공항에 마중 나온 훌쩍 큰 키다리 손자
일 등급 모의고사 할아버지께 선물하고
특목고 마음의 볏단을 자랑스레 보여요.

네 살 때 재석이가 제 아빠를 잃고서도
꿋꿋하게 자라더니 어느새 중3이네요
나 여기 하늘 우러러 감사, 감사드려요.

* 천자문 '가을 추秋'에서.

달꽃

## 감나무 일기 14
### –보름달 외손자

딸만 둘 낳았기에 시어머니 눈치 보여
둘째 딸 임신 소식 병원 문만 기웃기웃
힘내라 우리 감나무 빈 가지째 흔든다.

진통 끝 아들이네, 산파 소리 기쁘구나
잘생긴 우리 손자 동네방네 자랑이네
착하고 멋진 외손자
보름달이
오르네.

# 감나무 일기 15
–꿈

아파트 공사장이 우리 집 앞 들어섰네
쿵쿵 굴삭기에 뽑혀 나온 감나무가
검은 흙 트럭에 실려
어디론가 떠났네.

돌담 위 매일 오던 까치조차 오지 않아
아침에 깍깍대는 까치 소리에 잠이 깼네
앞마당 우리 감나무
나를 지켜
서
있네.

# 감나무 일기 16
–묵주기도

내 남편 투석 중에 흠뻑 젖은 병상 침대
흘린 피 혈압 내려 간호사도 땀이구나
까맣게 병든 감나무 내 마음만 같구나.

겨울이 깊을수록 내 마음도 어둡구나
며칠째 캄캄한 밤 며칠째 매서운 밤
속 좁은 동굴 속에도 찬 바람이 불었네.

과욕 탐욕 허욕 등 욕심 셋을 버리라는
선생님 가르침이 단감처럼 다디달아
나 여기 감나무 가지에 시 한 줄을 걸었네.

## 감나무 일기 17
–동지무

앞마당 가득 담긴 귤을 보고 까치 운다
감나무 빈 가지에 귤 한 알을 끼웠더니
어느새 까치가 와서 구멍 뽕뽕 뚫었네.

동지무 손에 들고 우리 손자 기다렸네
딩동딩동 초인종이 반갑고 또 반가워라
동지무 바라본 손자도 물구나무서네요.

동짓날 무를 잘라 걸어놓은 내 동지무
하루가 한 달인 듯 무럭무럭 자라는 줄기
요즘에 내 손자 크듯 동지무가 힘차요.

## 감나무 일기 18
–다은이

수도권 고3생인 손녀딸 양다은이
보내온 장학 증서 품에 품고 울었던 밤
앞서간 아들 녀석이
내 눈물을
닦는다.

서울대 간다 해서 다 선한 사람이랴
이빼라, 우리 손녀 낮은 곳을 살피네
나이도 어린 다은이
제 아빠를
닮았네.

# 감나무 일기 19

–창호 결혼식 날

장손 결혼식 날
가을꽃이 다 모였네

천사가 내려온 듯
여리고 고운 색시

노총각 서른일곱에
구절초가
피었네.

# 2부

## 나 여기 빈 찻잔에

# 빈 찻잔에

바닥이 드러났다 그 바닥에 놓인 티백
푹 젖은 티백에서 젖은 채로 나를 보는
설록차 찌꺼기들이 눈에 송송 찍힌다.

장병의 내 남편 한마디가 또 슬프다
하찮은 병 수발에 투정하는 나를 향해
섭섭함 속으로 감추며 미소 띠던 그 얼굴.

여기 이 빈 찻잔에 두어 방울 남은 액체
중환의 체내에도 남아 있는 물기처럼
나 여기 빈 찻잔에다 눈물방울 떨군다.

# 구월 바다

세월호 아픔조차 하나 둘씩 잊혀가는

구월 바다에는 억새들이 피어오르고

초가을 내 가슴에도 찬 바람이 스민다.

자식을 먼저 보내고 큰 슬픔을 내 알았네

십 년 넘게 녹지 못한 내 속의 응어리들

가만히 수도자처럼 어루만져 주는 날.

침묵의 시간

# 눈물도 꽃이 되어

벚나무 꽃봉오리 망울망울 꽃봉오리
어느새 연분홍 꽃 활짝 웃는 이 봄 길에
새색시 연분홍 치마 봄 향기가 풍기네.

장전 길 벚꽃축제 사람꽃이 백만 송이
벚꽃 터널 지나보면 나도 한때 꽃인 것을
눈물도 눈꽃이 되어 내 품 안에 안기네.

# 칠십 대 바람 소리

이월의 문턱에서 속삭이는 바람 소리
아득한 문풍지에 밥 달라고 울던 바람
칠십 대 귓전에 와서
시 한 줄을
주신다.

남편 병 수발에 반쯤 막힌 나의 귀여
정유년 설날 아침 환자복을 입고 와서
칠 층의 내과 병실에
오도카니
앉았다.

# 병실에서

우리 병실에는
세 가지 소리만 있다

말소리 신음 소리
호흡 소리 발자국 소리

가끔씩 수돗물 소리에
아픔들을 잊는다.

싱크대 줄 선 사람들
아픈 손을 씻으며

임종 열흘 앞둔
중환의 이 겨울밤

보호자 숨죽인 소리로
훌쩍훌쩍거린다.

# 삼월이 오면

까치 소리 맑은 걸 보니 봄날이 가까웠나
팽나무 이파리는 뾰족뾰족 새끼 부리
휠체어 의지한 남편이
하늘 보며
웃으셔.

수평선 바라보니 바닷속에 내려온 하늘
삼월엔 내 아픔도 훌훌 다 날리고서
유채꽃 환한 얼굴로
그이 앞에
웃을래.

## 동백이 와서

물끄러미, 물끄러미 다시 보는 나의 얼굴
우는 듯 웃는 듯 칠십 년을 건너온 얼굴
어느새 나의 뺨으로 꽃잎이 와 붉힌다.

아직도 내 가슴에 붉게 남은 그 꽃송이
턱 낮은 나의 창에 문득문득 찾아와서
그 옛날 꽃을 보듯이 꽃이 나를 보고 있다.

칠십 대 주름에도 눈매 아직 곱다는 꽃
주름진 손가락으로 추억담을 쓰는 오늘
고향 쪽 하늘을 가는 비행기가 보인다.

# 내 친구 동백

감나무가 혈육이라면
동백은 나의 친구

말없이 표정 없이
올겨울도 곁을 내준

그이의 투석 수발에
붉은
꽃잎 떨구던,

성당의 종소리가
노을을 붉히는구나

핸드폰 카메라를
"찰칵" 하고 눌렀더니

한창때 나의 모습이
그 꽃 속에
웃는다.

# 백일홍

1

지구의 몸부림에 첨성대가 흔들렸다
지금 내 아픈 가슴
누가 또 흔들고 있다
창 열고 백일홍에게
내 마음을 열었다.

2

백일홍이 백 일 동안 사랑을 말했듯이
나는 백 일 동안
아픔만 쏟았구나
분홍색 슬픔과 사랑에
꽃도 요즘
아프다.

# 새벽별

천천히 핸들을 잡고
밤으로 가는 그대

희미한 산과 바다
근심스레 놓인 하늘

우울한 하늘 저편에
반짝이는

새벽

별.

# 그이 함께

바다와 구름 사이
구름과 바다 사이

구름에 해가 숨고
노을에 바다가 젖네

마지막 고운 모습을
그이 함께
보았네.

노년의 풍차

# 목백일홍 가지 위에

학교 앞 자전거포
어르신이 떠오른다

이십 년 하루같이
투석을 하시던 분

오늘은 백일홍나무
가지 위를
붉힌다.

# 요양원 가는 길

요양원 가는 길은
새소리도 슬프구나

구순의 우리 삼촌
먼저 가신 시어머님

따듯한 남쪽 오름에
함께 눕고 싶대요.

* 천자문 '볕 양陽'에서.

# 겨울비

창틈으로 타닥타닥
겨울비 아픈 소리

동백꽃 빨간 잎에
방울방울 눈물방울

이 겨울 아픈 이깨에
빗방울이
내리네.

겨울 원근법

# 호스피스 병동

죽음을 기다리는 어르신들 뵈러 가며
침묵만 흐르리라 걸음걸이 무거웠네
저마다 천사들처럼 웃으시니 기쁘네.

아픈 것도 약이라지
슬픔도 약이라지

어둡던 마음 털고
손자 자랑 끝이 없네

모든 것 다 내려놓은
평화로움
이었네.

# 가을 하늘

하늘에 하얀 구름 강아지가 뛰놀고 있네

우리 집 앞마당에도 강아지가 뛰어놀고

갸우뚱, 어미 '진아'가

먼 하늘을

쳐다봐.

* 천자문 '집 주宙'에서.

# 3부

## 빨간 꽃

# 빨간 꽃

저지오름 동녘 자락에
작아서 더 예쁜 꽃

꽃 이름도 모르고서
금세 정이 들었네

작아서 땅에다 대고
빨간 볼을
비비네.

* 천자문 '땅 지地'에서.

# 초승달

오늘도 귀밑으로 입술 끝을 걸었구나

저리고 아린 세월
눈웃음 잃지 않고

빛나는 귀고리 곁으로
작은 별을 달고서.

귀갓길 골목까지 네가 함께 와 있구나

가지 많은 나무에도
무지개가 뜬다면서

쉼 없이 만월을 향해
내 하늘에
떴구나.

사춘기의 달

# 가을비

고운 님 창밖에서
방울방울 실로폰 소리

봄 가고 여름 가고
구월의 마지막 날

셋이서 나누는 정담
빗소리가
고와라.

# 초록 열매

유월이 되고서야 여섯 쪽으로 나눠진 갈래
칠순인 내 나이에도 시 한 줄을 넘지 못해
모처럼 비 오는 날에
너를
힐끗 본단다.

갑자기 후두두둑 왁자지껄 웃음소리
도서관 환한 얼굴 내일이면 또 만난다
언젠가 너를 데리고
문학 강좌
갈 거야.

# 시조 보법으로

산이 높은 만큼
계곡도 깊다 했지

나이 먹은 만큼
생각도 깊다 했지

청산에 숨겨진 운율

삼장 육구

찾아서.

* 천자문 '산등성이 강崗'에서.

우리네 영혼의 결

# 설봉에도 닿음 직한

나도 큰 산맥의
봉우리 하나를 갖고 싶어

시의 맥을 잇다
설봉에도 닿음 직한

높아서 나직한 목소리
시조 한 편을
낳고 싶어.

# 방아깨비 시인

얼마나 좋았으면
제 몸보다 높이
뛸까

풀섶에 팔짝팔짝
뛰어가는
초록 시심

풀잎에 연초록 바람
함께 날개
펴 든다.

# 강아지풀

오는 길 꾸벅꾸벅
인사하던 강아지풀

벌초 날 가족묘지에
봉분 지켜
서
있더니

우리 집 진돗개 '진아'
새끼 일곱
낳았네.

# 강아지 두 마리가

강아지 두 마리가
파란 하늘을 가로질러

제 어미 부르면서
쫄랑쫄랑 달려가네

점 점 점 멀어지더니
뭉게구름이네요.

* 천자문 '구름 운雲'에서.

# 나도 초록이란다

보라색 작은 떡잎
양배추가 줄을 섰네
방긋방긋 다가와서
나랑 친구 하자는 저들
푸른색 떡잎 한 장에
물방울이 맺혔네.

농부가 배낭을 지고 뭔가 자꾸 뿌리는 가을
햇빛 먹고 빗물 먹고, 농부 정성을 먹는 저들
동명리 구월 들판엔
나도
초록이란다.

# 애기 업은 돌

비양도 도항선은 지나간 날의 파도였네
우리 집 안방처럼 편안해라 비양도 길
십오 분 비양도 뱃길이
신혼 시절 같더니,

섬 자락 시멘트 길, 정이 없는 시멘트 길
저 밖으로 애기 업고 바라보는 수평선에
등 돌린 화물선 한 척이
사람처럼 떠난다.

# 신호등 앞에서

신호등 앞에 세워 한라산을 바라본다
눈 덮인 봉우리 앞에
나를 닮은 오름이 하나
햇살에 눈이 부신 듯
구름조차 멈췄네.

오늘은 한라산이 채근담을 읽는구나
어른이 될까, 늙은이 될까
탐욕을 타이를 때
어느새 초록 신호가
출발점을 알린다.

운해 속의 한라산

# 눈오름

구름 사이 비친 햇살에 다리 뻗고 누운 오름

알맞게 젖가슴이 도톰하게 솟아오른

서른 살 나의 몸통이

그냥 거기

있었네.

# 섬 속의 섬

바다가 엄마 되어 끌어안은 섬 속의 섬
지그시 눈을 감고 자기 모습 뽐내는 게
모든 이 한 번씩 둘러 무지개 꿈 펼쳐요.

잔잔한 바다에서 우렁우렁 우는 저 섬
정겨운 섬의 소리 마음까지 호강하며
바위 밑 톳나물들이 하늘하늘거려요.

바위 코끼리가 기쁘게 반기던 곳
저 섬에 한 달포쯤 파도랑 살고 싶어
일흔 살 내 가슴에도 섬이 하나 산단다.

# 한림항

해 질 녘 한림 바다는 경계선을 다 지운다
큰 배 작은 배가 섬 하나씩 싣고 오면
곱구나, 일몰 직전엔
섬도
사람 같구나.

홍조 띤 비양도가 내 눈 안에 들어왔다
잔잔한 바다에 반짝반짝 조기 비늘
방파제 노을 하늘로
갈매기 떼
오른다.

# 지금 나는 일출봉

섬 몇 점 거느리고
붉은 해가 솟는구나

민낯 새색시의
눈웃음이 내게 와 붉고

십칠년 팔월 십팔일
나는 지금
일출봉!

* 천자문 '날 출出'에서.

# 4부

# 겨울에도 해바라기

# 개기월식의 밤

붉은빛 보름달이 손톱처럼 작아지네
그 달 바라보며 조마조마한 마음
유년의 알사탕처럼
점 점 점 점
줄어요.

컴컴한 밤하늘에 새끼손톱 달이 떠요
시간이 흐르면서 차츰차츰 크는 마음
고향 산 나를 데려가
덩그마니 크는
달.

언제면 저 달처럼 나도 환한 삶을 살까
내 고향 무한천에 그림자를 내리듯이
보름달 시조 한 편이
저 달처럼
환할까.

# 고향 밀밭

피난길 군홧발에
두근두근거리던 밀밭

오줌 마렵다고
고추 내민 동생에게

간간이 뜸부기 울며
몸 낮추라 일렀지.

외갓집 피난살이
첫돌맞이 여동생이

홍역에 시름 앓다
돌무덤에 묻힌 사연

그때 그 고향 밀밭엔

어머니가 계셔요.

# 울 엄니

모시대 입에 물고
곱게 갈라 길쌈하고

새하얀 모시 한복
옥반지도 끼셨구나

이비지 놀란 눈으로
어머니를
보셨지.

* 천자문 '구슬 옥玉'에서.

자궁 속에서 바라본 세상

# 피난길에

어깨에 총칼을 멘
군인들이 무서웠다

벌벌 떨던 시절
외갓집이 너무 멀어

길가에 주저앉아서
풀꽃 함께
떨었다.

* 천자문 '칼 검劍'에서.

# 겨울에도 해바라기

산 넘고 바다 건너
천 리 길을 달려왔네

당신을 보는 나는
겨울에도 해바라기

한평생 텃밭을 지켜
까만 씨앗
품었네.

# 아버지

해방 전 학도병에
끌려갔던 우리 아버지

양동이를 '바게스'라
일본어로 말했더니

으르렁 호랑이 얼굴로
회초리를 드셨다.

* 천자문 '이름 호號'에서.

하늘나라 굴뚝 연기

# 눈이 와도 따뜻해

흰 눈이 내리면서 세상을 덮어주네

내 맘속 지난 세월
부끄러움도 감춰주렴

겨울은 유년의 고향

눈이 와도

따뜻해.

* 천자문 '감출 장藏'에서.

# 채송화

충청도 예산 읍내
내가 다닌 초등학교

화단 옆 빨강 노랑
서로 머리 쓰다듬던

웃으며 허리 펴라고
소곤소곤
거리던…

# 구월

유난히 더운 구월
창문 열고 청하는 잠

찌르륵 찌륵찌륵
귀뚜라미 자장가 소리

진분홍 백일홍꽃만
머리맡에
깨었다.

# 휘파람새

아카시아 잎새들이
햇빛 받아 반짝이네

숲 속 휘파람새
여자친구 부르는 소리

오십 년 멀다 하지만
오월이면
내 사랑.

* 천자문 '울 명鳴'에서.

# 감자꽃

어젯밤 하얀 별들이
오월 들판에 내려와 있네

구름 이랑에 발을 담근
무한천 하늘 그림자

온종일 종달새 한 마리
재잘재잘거렸지.

내 고향 들판에도
감자꽃이 피었겠지

충청도 느린 말씨
모락모락 유년의 감자

사십 년 제주 이랑에
내 엄마가 웃으셔.

# 나도 따라 익는다

외갓집 가는 길에 가을 햇볕 누렇구나

논두렁 메뚜기 떼 후둑후둑 날아오르고

누렇게 벼 익는 소리

니도 따라

익는다.

* 천자문 '누를 황黃'에서.

# 석류처럼

멀리 구름 사이로
살짝살짝 보이는 하늘

열매 한 개 얻기 위해
아침부터 부산을 떨어

거울 앞 옷매무새도
구두 굽도
높였다.

* 천자문 '하늘 천天'에서.

# 영등포 월출

아파트 빌딩에서 추석 달이 떠오르네

그 옛날 고향 달을 서울 와서 다시 보네

두둥실 만삭의 달이

아름 가득

오르네.

* 천자문 '달 월月'에서.

# 제주행 비행기 창에

밤하늘 구름 사이
반쪽 달이 가고 있네

내 마음 들뜬 속을
누가 알까 두려워라

제주행 비행기 창에
내 마음도
떠
있네.

* 천자문 '기울 측昃'에서.

# 염색도 하지 않고

할미꽃 이름보다
머릿결이 너무 고와

주민증 나이보다
훨씬 젊은
꽃들의 얼굴

흰머리 염색도 않고
작년처럼
또 왔네.

| 해설 |

# 크레용으로 그려낸 아내의 그림일기

고정국 시인

## 1

아내의 고향은 어디일까? 친정일까, 시댁일까, 남편일까, 자식일까? 이번 시집 원고 전편을 읽으며, 문득 아내 또는 고향이라는 낱말을 떠올렸습니다. 고향의 의미만큼이나 복잡한 낱말이 어쩌면 '아내'가 아닌가 싶었습니다. 이종선 시집 『삼월이 오면』을 접하면서, 해방 전후에 한 아내가 시조 형식으로 그려낸 한 편의 그림일기를 읽습니다.

"여자라면 어려서 아버지를 따르고, 시집가서는 남편을 따르고, 늙어서는 아들을 따른다"라는 가부장제의 제도적

훈육 속에서 자라난 세대, 이종선 시인의 눈물 어린 이야기가 담담하게 여울져 왔습니다. 그리고 "행복의 조건은 다 비슷하지만 불행의 조건은 각기 다르다"라는 톨스토이의 소설 「안나 카레니나」의 첫 문장이 생각나기도 했습니다.

산 넘고 바다 건너
천 리 길을 달려왔네

당신을 보는 나는
겨울에도 해바라기

한평생 텃밭을 지켜
까만 씨앗
품었네.
—「겨울에도 해바라기」 전문

충청도에서 제주 남자인 남편을 만나 제주로 와서 남부럽지 않게 살다가 서른 넘은 장정의 외아들을 잃고, 나이 들어 다시 부군의 장병의 병 수발로 이어지는 50년이, 그림일기 한 토막 그 자체였습니다.

해바라기란 봄에 자라 여름에 꽃을 피우고 가을이면 그 가슴에 까만 씨앗을 품고 겨울이면 이미 명을 다하는 1년생 식물입니다. 그런데 「겨울에도 해바라기」라는 시의 제목도 제목이지만, "한평생 텃밭을 지켜 / 까만 씨앗 / 품었네"라는 순애보의 노래가 아프게 들립니다.

일반적으로 시집 발간의 경우 거의 요식처럼 되어 있는 '작품 해설'은, 시집을 읽은 독자들의 이해를 돕기 위한 출판사의 배려라 할 수 있습니다. 그런데 여기, 이종선 시인의 작품엔 달리 해설을 붙일 만한 이유가 없다는 것이 필자의 생각입니다.

## 2

지난해 깍지벌레 그 아픔도 다 견디고
내 아들 살았을 때 가족이 된 우리 감나무
살충제 마다 않고서
감꽃들이
피었다.

너는 말없이도 내 아픔을 아는 것 같아
흰 듯 노란 듯 감꽃을 피우더니

달려와 초록 열매로 웃음꽃을 피우며.

너와 나 속삭임을 하루하루 옮기는 재미
가끔은 어질어질 어지럼증 오는 걸 알고
오늘은 약봉지 들고
현관문을
여는
너.

—「감나무 일기 1—감꽃」 전문

크레파스보다 더 단순한 '크레용'으로 그렸기에, 그 그림이 단순하고 정감이 갑니다. 먼저 '감꽃'이라는 부제를 단 「감나무 일기 1」의 "내 아들 살았을 때 가족이 된 우리 감나무"라는 첫 수 중장을 읽습니다. 담담하게 쓴 것 같지만, 어쩌면 '쓸갯물을 삼키는 아픔'을 아무렇지도 않게 그려내고 있음을 알 것 같습니다.

여기 스무 편에 달하는 「감나무 일기」에서 시인은 곧바로 감나무를 앞서간 아들로 여기며 바라보고 있습니다. 문득 감나무가 엄마의 어지럼증을 알아채고 약봉지를 들고 오는 아들로 환치되고 있습니다. 적어도 어머니라면, 본인이 아팠을 때 자식에게서 받아보고 싶은 효도가 없지 않겠지요.

그래서 오늘은 그 감나무를 통해 '상상의 호강'을 누리고 있는 것입니다.

필자가 아는 이종선 시인은, 은유니 상징이니 의인화니 또는 형상화니 하는 지극히 초보적 문학 이론을 염두에 두지 않습니다. 그야말로 순수함 그 자체이며, 그 순수함이 그려내는 한 편 한 편의 그림일기가 예쁜 듯, 아픈 듯, 슬픈 듯이 곁으로 다가오는 것 같습니다.

이웃집 할머니도 봄이 와서 꽃 닮았다
할미꽃 들녘에 두고 유채밭을 걸어와서
오늘은 우리 텃밭엔
봄 손님들
뿐이다.
—「노란 봄 노란 향기」 둘째 수

『논어』「학이편學而篇」에서 '교언영색巧言令色'이라는 말을 읽었던 기억이 있습니다. 남에게 잘 보이려고 그럴듯하게 꾸며대는 말과 알랑거리는 태도를 비아냥거리는 의미일 것입니다. 글쓰기 초보자들 대부분이 한 번씩은 이 시기를 거치기 마련입니다. 이종선 시인은 중·고등학교 시절 백일장 등에서 몇 차례 상을 받아본 것 말고는 문학을 모르고 살아온 것으로 알고 있습니다. 문학 이론을 모르기에 "이웃집 할머니도 봄이 와서 꽃 닮았다", 그리고 "오늘은 우리 텃밭엔 / 봄 손님들 / 뿐이다"라는 표현처럼 단순하고 직설적인 면이 차라리 좋습니다.

## 3

"시란 무엇인가? 또는 사랑이란 무엇인가?" 이처럼 단순한 질문 앞에 많은 사람들의 생각이나 대답은 결코 단순하지 않습니다. 그것은 논리적으로 접근하려는, 이른바 지적 허영심이 조금씩 관여하는 때문이 아닐까 하는 조심스러움도 없지 않습니다.

만일 우리가 시를 해부한다면, 그것은 일반적인 이야기로 전락하고 말 것입니다. 그러나 시를 해부하는 것이 아니라 시의 의미, 즉 시를 한 잔의 와인처럼 마시려 한다면, 그때는 시야말로 논리가 아닌 삶의 가장 깊숙한 곳에서 발육되는 감정의 추출물임을 깨닫게 될 것입니다. 이 추출물은 곧바로 독자의 내면 깊숙한 곳에 잠들어 있는 독자 감정의 '결'을 자극하게 될 것입니다. 그래서 여기 이종선 시인이 자기 발밑으로 툭툭 던지는 돌멩이 같은 시어들이 오히려 우리의 생각을 일깨워 주는 것 같습니다.

까치 소리 맑은 걸 보니 봄날이 가까웠나
팽나무 이파리는 뾰족뾰족 새끼 부리
휠체어 의지한 남편이
하늘 보며
웃으셔.

수평선 바라보니 바닷속에 내려온 하늘
삼월엔 내 아픔도 훌훌 다 날리고서
유채꽃 환한 얼굴로
그이 앞에
웃을래.

—「삼월이 오면」 전문

중병을 치르면서 휠체어에 의지한 남편과 함께 바라보는 풍경을 봄의 원근법으로 그려내고 있습니다. 시집의 표제이기도 한 이 작품에서 '삼월'이라는 시어에 눈길이 멎습니다. 3월은 계절적 분기점 이전에 엄동의 세월을 살아가는 고단한 사람들에게 일종의 해방감을 느끼게 해줍니다. 봄이라는 계절이 없다 했을 때, 겨울은 곧 절망일 수밖에 없겠지요.

현실은 “휠체어 의지한 남편이 / 하늘 보며 / 웃”고 있는 처지이고, 바로 그 곁에 “유채꽃 환한 얼굴로 / 그이 앞에 / 웃”겠다는 아내가 있습니다. 그 웃음 속에 감춰진 화자의 표현에서 어쩌면 아픔의 지루함에서 벗어나고자 하는 아내의 속내가 담겨 있는 것 같습니다.

## 4

겉으로 보기엔 부러울 것이 없을 것 같은 고관대작의 집도 현관문을 열고 그 안을 들여다보면, 일반 사람들이 전혀 예기치 못한 상황에 처해 있는 것을 알게 됩니다. 사랑과 행복도 마찬가지일 겁니다. 듣기에 마냥 좋은 평화와 안온함도 그 상황이 오래가다 보면 크고 작은 불화가 있기 마련이지요. 바로 ‘권태’라는 굴레 때문일 것입니다. 반면에 땅속 캄캄한 막장에 갇혀 있는 절망적 상황에서나 병사들의 치열한 전투 중에도 짤막짤막한 평화와 사랑이 있기 마련입니다. 세상은 이처럼 사랑과 증오, 아름다움과 추함, 생과 사, 선과 악, 유와 무가 서로 끊임없이 호흡을 하고 있는 것을 나이 들어서 깨닫게 됩니다. 그리고 가끔 환한 느낌을 주는 작품 한 편을 만나게 됩니다.

목련 높은 가지에 하얀 깃 새들이 왔다

경칩을 앞에 두고
물이 오른 가지 끝에

엊그제 부화를 마친
아기 새들 목소리.

남편 병 수발에 우울해진 아침저녁

기나긴 꽃샘추위
머물다 간 내 뜨락에

쪼르르 삼월을 향해
목련꽃이
앉았다.
—「목련이 피려나 봐」 전문

오랜만에 이종선 시인의 밝은 시를 접하는 것 같습니다.

70년 넘는 세월에 남편 만나 살아온 것이 50년이고, 아들과 남편의 병 수발로 보낸 세월도 만만치 않은 걸로 알고 있습니다. 그런데 마침, 벗은 채 엄동을 넘긴 창밖 목련나무가 이제 꽃을 피우려나 봅니다.

목련꽃 봉오리는 봄이 와서 이제 막 도래지를 떠나려는 하얀 깃 고니의 무리처럼 그 주둥이가 한 방향을 가리키는 특징이 있습니다. "기나긴 꽃샘추위 / 머물다 간 내 뜨락에 // 쪼르르 삼월을 향해 / 목련꽃이 / 앉았다." 여기 오랜 병 수발이라는 내면의 아픔을 겪는 와중에 무심결에 내다본 창밖의 풍경, 즉 '삼월'을 기다리는 시인의 마음을 쉽게 들여다볼 수 있습니다. 그러나 현실적 내면 풍경은 아픔의 연속이네요.

창틈으로 타닥타닥
겨울비 아픈 소리

동백꽃 빨간 잎에
방울방울 눈물방울

이 겨울 아픈 어깨에
빗방울이

내리네.

—「겨울비」 전문

이종선 시인의 작품 전편에선 수식어가 좀처럼 보이지 않습니다. 다만 시조의 운율에 맞추기 위해 거의 허사虛辭에 가까운 '아픈'이나 '빨간' 등의 형용사가 있을 뿐입니다. 그리고 다음 작품에서 서서히 "정 떼"는 연습을 하는 인상을 받습니다.

비 오는 날에서야
정 떼는 법 배운단다
감나무 네 앞에서
정 떼는 법 배운단다
비 온 날 뚝뚝 흘리는
너의 눈물
그처럼.

—「감나무 일기 12—비 오는 아침에」 둘째 수

그토록 뼈아픈 가족이나 혈육과의 정 떼는 연습을 여기 감나무에게 고백하고 있습니다. 비 오는 날 감나무 이파리에 떨어지는 빗소리, 바로 "뚝뚝" 하고 떨어지는 소리에서, 감나무도 노모의 심중을 헤아려 슬픔을 함께하고 있는 것으로 그려내고 있습니다.

읽는 이의 입장에 따라 해석과 느낌이 달라질 수 있다는 점이 시 또는 시조 장르의 특성이라 할 수 있겠지요. 또한 여기에는 '쉬움'과 '가벼움'의 경계선도 각자 경험의 종류나 깊이에서 달라질 수 있습니다. 잠깐 가치價値라는 낱말을 검색해보았더니, "인간이 대상과의 관계에 의해 지니게 되는 중요성, 또는 사물이 지니고 있는 값이나 쓸모 등"이라고 풀이했더군요. 그렇다면 우리 보통 사람들의 삶의 가치, 존재 가치 등을 육하원칙의 틀 안에서 돌이켜 봐야 할 것 같습니다.

## 5

'크레용' 또는 '크레파스'와 '그림일기'라는 낱말에서 곧바로 초등학교 1~2학년 어린이를 떠올리게 됩니다. 초등학생도 5~6학년이면 벌써 사춘기에 든다는 이야기를 듣습니다. 그 사춘기에 이르기 전의 어린이가 그린 동화 같은 작품들을 이종선 작품에서 종종 만날 수 있었습니다.

충청도 예산 읍내
내가 다닌 초등학교

화단 옆 빨강 노랑
서로 머리 쓰다듬던

웃으며 허리 펴라고
소곤소곤
거리던…
—「채송화」 전문

글쓰기에서 맨 먼저 갖추어야 할 조건이라면, 곧바로 맑은 눈으로 사물을 바라보는 시력일 겁니다. 이 시력이야말로 정직한 마음가짐에서만 비롯된다고 할 수 있습니다. 그 정직함이야말로 글쓰기에서 갖가지 결점들을 상쇄하는 미덕이 될 수 있습니다.

글쓰기에서 가장 큰 결점은 바로 '거짓'이라고 말합니다. 글을 쓰면서 자기가 알고 느끼는 것들에 대해 거짓말을 하기 시작하면, 작품도 그렇지만 그 작가적 수명은 머지않아 다하고 말 것입니다.

한 송이 할미꽃에서 '할미'라는 늙은이의 선입견보다 아름다운 할머니의 머릿결을 시인은 보고 있습니다. 나이 한 살 더 먹을 때마다 거울 앞에 다가가 자신의 얼굴이나 머릿결을 살펴보는 여인의 마음……. 그러던 어느 봄날 고사리 채취하러 들녘을 더듬다가 문득 고개 숙인 할미꽃에서 염색하지 않은 머릿결의 여인을 만나게 됩니다.

할미꽃 이름보다
머릿결이 너무 고와

주민증 나이보다
훨씬 젊은
꽃들의 얼굴

흰머리 염색도 않고
작년처럼
또 왔네.

—「염색도 하지 않고」 전문

할미꽃의 고운 머릿결도 그렇지만 "주민증 나이보다 / 훨씬 젊은 / 꽃들의 얼굴"에서 부러움 반 질투 반이 섞인 할머니 시인의 말투가 차라리 귀엽습니다.

## 6

이종선 시인은 작품에 등장하는 소재들을 가까운 데서 찾는 것 같습니다. 가까운 것일수록 세세함을 읽을 수 있고, 멀어질수록 추상적일 수밖에 없는 이치를 눈치챘는지 모르겠습니다.

사물의 1차 묘사는 눈앞에 다가온 대상으로 하여금 쓰는 이의 정직성을 요구하기 마련입니다. 이론적인 지식이 많다해서 그 지식과 묘사력이 비례한다고는 할 수 없습니다. 책과 학교에서 배운 '지식'과 소소한 체험에서 발육된 '앎'의 차이점에서 이미 그 접근 방식이 달라진다고 봐야 할 것입니다. 여기에 또 하나 신앙생활에서 몸에 밴 '말씀'이라는 어휘야말로 작품을 대할 때 또 다른 조심성을 갖게 하네요.

비 많고 바람 많아 끙끙 앓던 여름이 가고
노랗게 웃음 웃는 가지가지 열매들이
주님의 말씀을 담아
사랑으로

익어요.

—「감나무 일기 3—말씀을 담아」 둘째 수

집과 병원과 성당은 곧 시인의 아주 오래된 행동반경이라 할 수 있습니다. 작품 속에 등장하는 소재들도 주변의 소자연, 즉 나무나 풀꽃들이 대부분이이어서 자칫 근시안적 안목에 머물 거라는 우려도 없지 않습니다. 그러나 시인은 '넓게 살기와 깊게 살기', '넓게 알기와 깊게 알기' 정도는 익히 체험에서 얻고 있는 것 같습니다. 공자가 말했지요, 하나의 체험에는 반드시 하나의 지혜가 따른다고…….

감나무가 혈육이라면
동백은 나의 친구

말없이 표정 없이
올겨울도 곁을 내준

그이의 투석 수발에
붉은
꽃잎 떨구던,

—「내 친구 동백」 첫째 수

마당의 동백나무도 어느새 식구가 돼 있으면서 시적 오브제로 참여시키고 있네요. 뚝뚝 지는 꽃잎이 "그이의 투석 수발" 중에 바닥에 흘린 혈흔으로 묘사되고 있는 것만 봐도 '넓게' 보기보다 '깊게' 보려는 삶의 자세를 엿볼 수 있습니다.

백일홍이 백 일 동안 사랑을 말했듯이
나는 백 일 동안
아픔만 쏟았구나
분홍색 슬픔과 사랑에
꽃도 요즘
아프다.

—「백일홍」 둘째 수

"백일홍이 백 일 동안 사랑을 말"하고 있는데, "나는 백 일 동안 / 아픔만 쏟"아냈다는 화자의 자책을 읽습니다. 필자가 넘겨받은 시인의 작품 분량이 많았습니다. 그 오랜 지극정성의 병 수발에도 불구하고 이미 반년 전 부군을 하늘나라로 보낼 수밖에 없었습니다. 그동안의 아픔과 슬픔이 적힌 시편들이 적지 않더군요. 전체 분량에서 걷어낸 작품 분량이나 내용들은 독자들이 짐작하고도 남으리라 믿습니다.

오늘도 귀밑으로 입술 끝을 걸었구나

저리고 아린 세월
눈웃음 잃지 않고

빛나는 귀고리 곁으로
작은 별을 달고서.

귀갓길 골목까지 네가 함께 와 있구나

가지 많은 나무에도
무지개가 뜬다면서

쉼 없이 만월을 향해
내 하늘에
떴구나.

—「초승달」 전문

어쩌면 이 초승달이 이종선 시인 작품의 변곡점이 될 수가 있겠지요. 부군께선 병상에 누워 계시면서도 도서관 창작 강좌 시간에 늦을까 봐 부인을 애써 챙겨주셨다는 말을 전해 들은 바 있습니다. 뒤늦게라도 아내가 하고 싶은 일을 할 수 있도록 배려해준 남편의 마지막 사랑이 아니었나 싶습니다.

피난길 군홧발에
두근두근거리던 밀밭

오줌 마렵다고
고추 내민 동생에게

간간이 뜸부기 울며
몸 낮추라 일렀지.

외갓집 피난살이
첫돌맞이 여동생이

홍역에 시름 앓다
돌무덤에 묻힌 사연

그때 그 고향 밀밭엔
어머니가 계셔요.
—「고향 밀밭」 전문

그 오랜 병 수발이 끝나면서 비로소 충청도 고향을 떠올리고 있습니다. 「채송화」와 「휘파람새」에 이어, 6·25 피난길을 떠올리며 쓴 작품 「고향 밀밭」 「아버지」 「피난길에」 등에서 아득한 칠순의 세월을 더듬어보게 합니다.

어깨에 총칼을 멘
군인들이 무서웠다

벌벌 떨던 시절
외갓집이 너무 멀어

길가에 주저앉아서
풀꽃 함께
떨었다.
—「피난길에」 전문

## 7

시인에게 시를 쓰는 목적은 곧바로 삶의 목적과 같습니다. '목적'이라는 말이 '목표'라는 말 앞에 지배당하고 있는 맹목盲目의 시대에 시인은 무엇을 해야 할까요.

자칫 목적이란 삶의 끝이나 길의 끝에 있는 것으로 여길 수 있습니다. 시를 쓰는 목적이나 삶의 목적이 뚜렷하다면, 우리가 있는 어느 곳이든 그곳에 목적이 함께 있으며 거기 시도 함께하고 있을 것입니다.

사람들은 말합니다. 요즘은 시인이 너무 많다고. 그러면서 말합니다. 요즘 사람들은 시를 읽지 않는다고. 그러나 필자는 우리나라 5천만 국민이 모두 시인 작가가 됐으면 좋겠습니다. 그래야 책도 읽고 시를 노래하면서 우리 사는 세상이 아름다워질 것이기 때문입니다.

노래는 가수만 부르는 게 아니듯, 그림은 화가만 그리는 게 아니듯, 글씨는 서예가만 쓰는 것이 아니듯, 사진작가만 사진을 찍는 것이 아니듯, 운동은 선수만 하는 것이 아니듯, 공부는 학생만 하는 것이 아니듯, 사랑은 젊은이만 하는 것이 아니듯, 시는 시인만이, 아니 젊은 작가나 국문학과나 문예창작과 출신만 쓰는 것이 아니듯……, 어쩌면 과거의 폐습적 권위주위가 그어놓은 경계선들을 하나 둘씩 허물어가

야 할 것 같습니다. 이게 시대의 흐름이라고 말하고 싶지만, 시인이나 예술가들이야말로 맨 앞에 서서 시대의 문을 쾅쾅 두들기면서 새로운 세계를 찾아 나서는 존재들이라 믿습니다.

해설 쓰는 데 참고하고자 이종선 시인에게 약력을 물었습니다. 그러자 "전 약력이 없어서 어쩌지요?"라고 대답하더군요. 약력은 지식을 말하고, 경력은 체험을 말합니다. 지식은 머리에 있고, 체험을 통해 얻어진 '앎'은 몸 전체 구석구석에 배어 있습니다.

70년 넘게 몸으로 겪은 체험 속의 '앎'이야말로 이종선이라는 한 남자의 '아내'를 모든 이의 '시인'으로 돌려세웠습니다. 이처럼 약력 속의 지식은 사람을 구속하지만, '앎'은 사람을 해방시킵니다. "전 약력이 없어서 어쩌지요?"라는 시인의 한마디야말로 이번 시집을 엮어내는 과정에서 가장 큰 울림이 아니었나 싶습니다.

첫 시집 상재를 축하드립니다.

—2018년 경칩 날, 소안도 '달 뜨는 집'에서